# 여자가 되자!

| 내 생각 만드는 사회 그림책 |

# 여자가 되자!

요헨 틸 글 • 라이문트 프라이 그림 • 이상희 옮김

아름다운사람들

여자는 늘 예뻐요.

**얌전하게 행동하죠.**

여자는 인형을 좋아해요.

시끄러운 곡을 연주할 순 없어요.

**암벽 타기처럼 위험한 운동은 못 해요.**

**얌전한 여자는 정리정돈을 잘해요.**

분홍색을 좋아하고요.

여자는 공차기도 못 해요.

여자는 귀여운 동물들만 무척 사랑한답니다.

**요리도 아주 잘하죠.**

여자는 누구나 공주가 되고 싶어 해요.

쇼핑 가는 건 또 얼마나 좋아한다고요.

**여자에게 수학은 너무 어려워요.**

**여자는 겁쟁이예요. 용기가 없죠.**

여자는 결혼을 꼭 해야 한다고 믿어요.

여자는 싸움 같은 건 꿈도 못 꿔요.

**기계를 다루는 일은 아예 엄두도 못 내죠.**

**여자는 긴 머리를 좋아해요.**

논리적으로 생각하거나 문제를 푸는 건 너무 어렵죠.

조립을 하거나 물건을 만드는 것도 못 해요.

**여자는 장난을 싫어해요.**

**여자는 남을 웃길 줄 몰라요.**

**지저분하게 놀지도 않아요.**

**여자는 늘 예쁜 신발을 신고 단정하게 다녀요.**

**여자는 항상 멋진 남자들만 보면 어쩔 줄 모르죠. 금방 반해버려요.**

여자는 힘이 정말 약해요.

### 요헨 틸

1966년 프랑크푸르트에서 태어났어요. 학창시절에는 록스타가 꿈인 그다지
성실하지 않은 학생이었는데, 어느 순간 글쓰기에 영감을 받아 글을 쓰게 되었어요.

### 라이문트 프라이

1982년에 태어났고, 마인츠대학교에서 커뮤니케이션 디자인을 전공했어요.
2008년부터 프리랜서 일러스트레이터로 일하고 있어요.

### 이상희

중앙대학교에서 문예창작학을 전공하고 독일 본대학교에서 번역학을 전공했어요.
출판 일을 하면서 다양한 글을 기획하고 번역했어요.
현재 번역 에이전시 엔터스코리아에서 출판기획 및 전문 번역가로 활동하고 있어요.
옮긴 책으로『나는 아빠가 좋아요』,『꼬마 거미의 질문 여행』,『초등1학년 경제교육을 시작할 나이』,『데미안』,
『젊은 베르테르의 슬픔』등이 있어요.

## 여자가 되자!

초판 1쇄 인쇄 2020년 1월 10일  초판 1쇄 발행 2020년 1월 17일

글 요헨 틸  그림 라이문트 프라이  옮김 이상희

펴낸이 이상순  주간 서인찬  편집장 박윤주  제작이사 이상광
편집 이주미, 박월, 김한솔, 최은정, 이세원  디자인 유영준, 이민정
마케팅홍보 이병구, 신희용, 김경민  경영지원 고은정

펴낸곳 (주)도서출판 아름다운사람들  주소 (10881) 경기도 파주시 회동길 103
대표전화 031-8074-0082  팩스 031-955-1083  이메일 books777@naver.com  홈페이지 www.books114.net

ISBN 978-89-6513-578-4  77850

---

Text by Jochen Till
Illustration by Raimund Frey
Originally published under the title:
**Sei ein Määdchen!**
©Tulipan Verlag GmbH Müchen/Germany, 2019
www.tulipan-verlag.de
All rights reserved
Korean Translation Copyright ©2020 by Beautiful People Publishing Co., Ltd
This Korean Edition was published by arrangement with Tulipan Verlag GmbH, München through BRUECKE Agency.

이이 책의 한국어판 저작권은 브뤼케 에이전시를 통해 Tulipan Verlag GmbH, München과 독점 계약한 (주)도서출판 아름다운사람들에 있습니다.
저작권법에 의해 한국 내에서 보호를 받는 저작물이므로 무단전제와 무단복제를 금합니다.

이 도서의 국립중앙도서관 출판예정도서목록(CIP)은 서지정보유통지원시스템(http://seoji.nl.go.kr)과
국가자료종합목록구축시스템(http://kolis-net.nl.go.kr)에서 이용하실 수 있습니다. (CIP제어번호 : CIP2020000563)